韻字目錄

TABLEAU

des Élémens vocaux de l'Écriture Chinoise :

Divisé en 2 Parties.

par

J. C. V. Levasseur et H. Kurz,

Membres de la Société Asiatique de Paris.

PARIS,

Chez V. Ratier, Imprimeur Lithographe,

Rue des Fossés St. Germain l'Auxerrois, N.° 24.

1829.

韻字目錄

TABLEAU

des Élémens vocaux de l'Écriture Chinoise.

Divisé en 2 Parties.

par

J. C. V. Levasseur et H. Kurz,

Membres de la Société Asiatique de Paris.

PARIS,

Chez V. Ratier, Imprimeur Lithographe,

Rue des Fossés St. Germain l'Auxerrois, N.° 24.

1829.

Avertissement

La plupart des caractères formant l'écriture Chinoise se composent de deux parties ou groupes, l'un figuratif ou indiquant l'idée, l'autre syllabique ou indiquant la prononciation. Un groupe syllabique peut avoir plusieurs prononciations et plusieurs groupes syllabiques peuvent avoir la même prononciation. Si donc on analyse les caractères ainsi composés, en en retranchant le groupe figuratif et que d'un côté on réunisse tous les groupes syllabiques dont la prononciation est la même et que de l'autre on indique toutes les prononciations dont un seul groupe est susceptible, on aura un véritable syllabaire Chinois.

Mais chaque caractère, pris isolément, étant susceptible de devenir groupe ou signe de prononciation, un syllabaire complet deviendrait immense et par cela même inutile.

Or le but de mes tableaux étant d'être utile aux commençants, j'ai cru d'abord devoir borner l'analyse aux caractères contenu dans le dictionnaire du Père Bazile de Glemona, comme étant ceux qui se trouvent le plus fréquemment. Mais bientôt j'ai vu qu'il fallait m'imposer encore une autre restriction pour ne pas trop agrandir mes tableaux. Je me suis donc borné, à quelques exceptions près, à indiquer les groupes, qui dans Bazile, déterminent la prononciation de six caractères au moins.

Toutes les fois qu'un groupe se prononçait de plusieurs manières, les unes fréquentes et régulières, les autres rares et faisant exception, je n'en ai donné que les premières. En effet, si l'exception ne se rencontre que dans les mots inusités, il n'entrait pas dans mon plan de la marquer; si au contraire elle se trouve dans des mots d'un usage fréquent, il m'a semblé inutile d'en surcharger le tableau.

D'après le point de vue dont je suis parti en composant ces tableaux, on ne pourra pas m'adresser le reproche d'avoir fait un travail incomplet; mais quant aux autres erreurs qui pourraient s'y trouver, elles n'auraient aucune excuse.

Mr. Klaproth auquel j'avais communiqué une épreuve de mon travail a bien voulu m'indiquer les fautes qui l'avaient frappé, et c'est avec sa permission que j'en donne l'errata, en y ajoutant quelques unes que j'y ai remarqué moi même.

Je dois dire encore quelques mots sur la division en deux parties.

J'ai cru qu'il était nécessaire de donner les prononciations dans l'ordre syllabique ou plutôt dans l'ordre des désinences, puisque ce sont elles, qui caractérisent principalement la prononciation. Je l'ai fait encore pour qu'on puisse réunir dans un coup d'œil tous les groupes qui ont la prononciation commune et pour pouvoir ajouter à une groupe principal tous les autres qui n'en sont que les variantes, c'est à dire qui s'emploient très fréquemment pour lui.

Mais comme cet ordre rend la recherche d'un groupe tout à fait impossible, si on ne sait pas la prononciation d'avance, j'ai ajouté un autre tableau qui contient les mêmes groupes selon l'ordre des traits qui les composent. Ici je n'ai donné que la prononciation qui se trouve la première dans le tableau syllabique, auquel il faudra recourir pour trouver les autres prononciations. Si le groupe n'était que la variante d'un autre j'ai renvoyé au groupe principal.

Quant à l'écriture tout le monde reconnaîtra dans l'élégance des traits et le style vraiment chinois de l'ensemble, le pinceau de Mr. Levasseur, qui a bien voulu s'associer à moi pour la publication de cette brochure.

H. Kurz

Paris, Décembre 1829.

Ire PARTIE

Contenant

les groupes classés
selon leurs désinences.

少 Cha, Miao, Tchhao

沙 Cha, So.

妾 Cha, Tsie

麗 麗 麗 丽 Cha, Chai, Li, Si

乏 Fa, Fan, Pian, Phian

伐 戈 Fa

發 發 廢 Fa, Fei, Fi

甲 奄 Ya, Zia, Hia

亞 Ya, Yo

牙 Ya

鼠 菑 La, Lĭe

馬 Mă

麻 Ma, Mi

内 内 内 Na, Nei, Nouy, Jouy

巴 Pa, Pha

白 Pă, Phă, Pĕ, Phĕ, Pŏ, Phŏ

霸 覇 伯 Pa

友 发 Pă, Fă, Foe, Fou, Pŏ, Phŏ

垂 乖 Să

旦 亘 亶 Ta, Tan, Than

幸 Ta, Chă

沓 昜 翕 荅 答 Ta, Chă

查 Tcha, Tchha

奓 奢 Tcha, Tchha

虘 虘 Tcha

差 Tchha, Tso

叉 Tchha

乍 Tcha, Tchha, Tso, Tsou

乇 宅 Tcha, Tchha, Tchĕ

臿 臿 臿 Tchha, Tsă

察 Tcha, Tchai

圭 Wa, Kouă, Kouei, Khouei

IA.

害 害 Hiă, Hai

曷 曷 Hiă, 'Ai, Hiĕ, Kiei, Hŏ, Hŏ, Kŏ, Khŏ

夾 匧 Hiă, Kia, Hiĕ, Kiĕ

合 合 Hia, Kiă, Kŏ

吉 Kia, Khia, Ki

叚 叚 Hia, Kia, Khia

加 Kia, Khia

家 Kia

OA.

化 Hoa, 'o.

華 Hoă

畫 畫 畫 畫 Hoa

OUA.

刷 叔 Choua

夸 Khoua, 'ou, Kou

AN.

山 Chan

冊 冊 冊 Chan, San

凡 Fan

AN.

Caractères	Prononciations
反 般 樊	Fan, Pan, Phan
番 畨 番	Fan, Pan, Phan, Po, Pho
含 函	Han
𦰩	Han, Tan, Than.
𠦝 翰 幹	Han, Kan, Khan.
干 旱	Han, Kan, Khan, 'An.
咸 感	Han, Kian
甘 甚	Han, Kan, Khan, Kian, Khian.
妟 晏	Yan
燕 燕	Yan
焉	Yan
肰	Yan
延	Yan
彦 彥 詹 詹	Yan, Tan, Than
嚴 巖	Yan, 'an
奄 弇	Yan, 'an
臽 臽 閻 閻	Yan, Tan, Than, Hian, Tao, Thao.
肰 然	Jan
冄 冉 冉	Jan
敢	Kan, Khan, Hian
臥 臤 監 臨	Lan, Kian, Khian
曼 曼	Man
南	Nan
男	Nan
半 弁	Pan, Phan
三 彡 參 叅 參 参	San, Thsan, Sen
散 𢿌	San
單 单 覃	Tan, Than, Chen, Tchen, Tchhen
甚 冘 冗	Tan, Than, Chin, Tchin, Tchhin.
孱	Tchan, Tchhan
孱	Tchan
毚 㕙 兔	Tchan, Tchhan, Tsan, Thsan.
戔	Tchan, Tchhan, Tsan, Thsan, Tsian, Thsian
斬	Tchan, Tchhan, Tsan, Thsan, Tsian, Thsian
朁 贊 朁 朁	Tsan, Thsan, Tsouan, Thsouan
奴 粲	Thsan
產	Thsan
免	Wan, Mian
安	'an
弇	'an
音 闇	'an, in.

IAN.

Caractères	Prononciations
縣	Hian
憲	Hian
兼 廉 兼	Hian, Kian, Khian, Lian.

僉	Hian Kian Lian
玄	Hian Hiouan
炎 焱	Hian Yan
閒 間	Hian Kian
見	Hian Kian
遣	Kian Khian
今	Kiin Khian Kin Khin
建	Kian Khian
寒 寒	Kian Khian
連	Lian
面	Mian
占	Nian Tian Chie Tchen Tchhen
念	Nian
扁	Pian Phian
便	Pian Phian
韱 韱	Sian
典	Tian Thian
田 佃	Tian Thian
天 忝	Thian
眞 真 真 顚	Tian Thian Chin Tchin Tchhin
千	Thsian
戔	Tsian Tsan &c.
前	Tsian Thsian

OUAN.

睘 睘	Houan Youan Hiouan Kiouan
奐	Houan
爰	Houan
丸	Houan
元 完	Houan Youan Won
雚 萑	Houan Kouan Kiouan Khiouan
原	Youan
夗 宛	Youan
員	Youan Hiun Yun
肙	Youan Kiouan
需 需 耎 耎	Jouan Jou Liu Jun
官	Kouan
䜌 戀 恋	Louan Liouan
段 段	Touan
耑	Touan Thouan Tchouan Tchhouan
專	Tchouan Tchouan Tchhouan
巺 巽	Tchouan Tchhouan Siouan
竄 竄	Thsouan

IOUAN.

亘 宣 亙 爰	Houan Siouan Heng Keng
旬	Hiouan
关 卷	Kiouan Khiouan
全 仝	Thsiouan

ANG.

尚 尚 尚 堂	Chang Tang Chang Tchang Tchhang Tseng Thseng
昜	Chang Yang Thang Tchhang
方	Fang Pang Phang
行 行	Hang Hieng Hing
亢	Hang Kang Khang
襄 襄	Jang Niang Siang
良	Jang Lang Liang

ANG.

Caractères	Prononciations
亡 亾 巟 光 冋 网 罔 罔 罔	Kang, Mang, Wang.
央 盎	Yang, 'ang, Ing
羊 芉 恙 養 養 養 羕	Yang, Siang, Thsiang
岡 四	Kang
工	Kang, Houng, Koung, Khoung, Khioung
康	Khang
量	Lang, Liang, Niang.
尨	Mang
莽	Mang
囊	Nang
夆 夆	Pang, Phang, Hiang, Kiang
丰 奉 夆	Pang, Phang, Peng, Pheng, Foung.
旁 旁	Pang, Phang
桑 桒	Sang
唐	Thang
長 張	Tchang, Tchhang
章	Tchang
丈 丈	Tchang, Tchhang
昌	Tchhang
倉	Tchhang, Tchhouang, Thsang, Thsiang
臧 臧	Tsang, Thsang
葬	Thsang
王	Wang, Kouang, Khouang
卬	'ang, Niang

IANG.

Caractères	Prononciations
項	Hiang
鄉	Hiang
向	Hiang
姜 羌	Kiang
香	Hiang
冓	Kiang, Khiang
空	Kiang, Khiang
畺	Kiang
竟	Kiang
强 強	Kiang, Khiang
兩 两 両	Liang
京	Liang, King, Lio.
相	Siang
將 將 牂 爿 將	Tsiang, Thsiang
嗇 嗇	Thsiang

OANG.

Caractères	Prononciations
黄 黃 廣	Hoang, Kouang, Khouang
皇 皇	Hoang

OUANG.

Caractères	Prononciations
爽 爽 爽 爽	Chouang
霜	Chouang
光	Kouang
㞷	Kouang
童	Tchouang, Toung, Thoung, Tchoung, Tchhoung
壯	Tchouang
舂	Tchouang

AÏ. AO.

AÏ.

- 亥 — Haï, Kaï, Khĕ.
- 介 畍 界 — Haï, Hiaï, Kaï, Kiaï
- 盍 — Haï
- 厓 — Yaï
- 益 — Yaï, i.
- 矣 — Yaï, 'aï
- 旡 旣 既 — Kaï, Khaï, Ki, Khi.
- 盍 盖 蓋 — Kaï, Khaï, Hŏ, Kŏ, Khŏ
- 豈 — Kaï, Khaï
- 來 来 — Laï, Ly.
- 賴 — Laï
- 買 — Maï
- 乃 — Naï
- 卑 畀 畁 — Paï, Phaï, Peï, Pi, Phi.
- 拜 — Paï
- 非 — Paï, Phaï, Feï, Fi, Peï
- 思 恖 — Saï, Sse.
- 代 — Taï
- 台 㠯 — Taï, i, Tchi.
- 隶 — Taï
- 臺 — Thaï
- 齊 齌 齋 — Tchaï, Tchhaï, Tsi, Thsi.
- 才 — Thsaï
- 𢦏 𢦒 — Tsaï, Thsaï
- 采 — Thsaï
- 愛 爱 — 'aï

IAÏ.

- 戒 戒 — Hiaï, Kiaï
- 解 — Hiaï, Kiaï
- 皆 — Hiaï, Kiaï, Khiaï, Kia, Khia
- [illegible] — Hiaï

OAÏ.

- 褱 褢 — Hoaï

OUAÏ.

- 衰 — Chouaï
- 會 会 — Kouaï, Hoeï, Koueï
- 夬 — Kouaï, Kioueï

AO.

- 召 — Chao, Tchao, Tchhao
- 小 — Chao, Sao, Thsao, Siao.
- 号 — Hao
- 告 — Hao, Kao, Khao, Kou, Khou.
- 毛 — Hao, Mao.
- 高 喬 — Hao, Kao, Khao, Hiao, Kiao, Khiao.
- 堯 — Yao, Jao, Nao, Hiao, Kiao, Khiao, Niao.
- 毳 — Hao, Kao.
- 夭 — Yao, 'ao
- 匋 䍃 [illegible] — Yao, Chao
- 兆 — Yao, Tao, Chao, Tchao, Tiao, Thiao
- 幺 么 幼 — Yao
- 皋 — Kao, Khao
- 丂 考 — Khao. Kiao
- 勞 労 牢 — Lao
- 冃 冒 — Mao

AO.

Caractères	Prononciations
卯 丣	Mao
苗	Mao, Miao
𡿺 [illegible]	Nao
呆 保	Pao
[illegible]	Pao
勹 包	Pao, Phao
蚤	Sao
[illegible] 巢	Sao, Tchhao, Tsao, Thsao, Tsiao, Thsiao
刀 刂	Tao, Thao
壽 [illegible]	Tao, Thao, Cheou, Tcheou, Tchheou
周 舟	Tao, Tchao, Tchhao, Tiao, Thiao, Tcheou, Tchheou
卓 朝	Tchao, Tchhao
早	Thsao
曹 曺	Tsao, Thsao
臾	Iao, Yoû

IAO.

Caractères	Prononciations
爻 孝 孝 交 肴	Hiao, Kiao.
丩 斗 叫 叫	Kiao, Kieou
皐 臯	Kiao
翏 翏	Kiao, Liao, Lou, Lieou, Mou, Mieou
尞	Liao.
鳥	Niao
表	Piao
票	Piao, Phiao
爂	Piao, Phiao
麃	Piao, Phiao.
肅	Siao, Soû
攸 條	Tiao, Thiao
刁	Tiao, Thiao
秋	Tsiao, Tsieou, Thsieou
焦	Tsiao, Thsiao

E.

Caractères	Prononciations
者 奢 奓	Chě, Tchě, Tchhě, Toû, Thou.
耶	Yě
枼 桒	Yě, Thiě
若	Jě, Jŏ
各 客	Kě, Khě, 'e, Ko, Lo, Lio, Lou
力	Lě, Li.
黑	Mě
百	Mě, Pě
嗇 嗇	Sě
斯 斯	Ssě
司	Ssě
导 㝵	Tě, Thě

IE.

Caractères	Prononciations
契 絜 㓞	Hiě, Siě, Kieï
列	Liě
烕 烕	Miě
戌 [illegible]	Miě
兒 兒	Niě, i, Ni, 'ni, Eul
聶 聶	Niě, Tchě, Tchhě
業	Niě, Siě

OUE. EN. — ENG. — EI.

敝 Pië, Phië, Pi

世 Sië, i, chi

舄 舃 Sië

失 Tië, Thië, i, Tchi

哉 Tië, Thië

OUE.

或 國 Hoë, Khouë

舌 昏 Kouë, Khouë

EN.

亶 Chen, Tchen

扇 Chen

善 Chen

奔 奔 Fen, Pen

賁 Fen

分 Fen, Pen, Pin, Phin

㫎 㫎 Hen, Ken, Khen

艮 Hen, Ken, Khen

門 Men

亹 Men

本 Pen

𣎵 Pen

詹 詹 Tchen, Tchhen

展 展 Tchen

昷 昷 Wen, Yun

文 Wen, Min

恩 'en

OEN.

昏 昬 Hoen

昆 Hoen, Kouen, Khouen

圂 Hoen

軍 Hoen, Hoeï, Yun, Hiun, Kiun

OUEN.

困 困 Kouen, Khouen

衮 Kouen, Khouen

ENG.

巠 圣 巠 Heng, Keng, Hing, King, Khing

亨 Heng, Chun, Tun, Thun, Tchun

堅 Heng, Keng

更 㪅 Keng, 'eng

庚 Kheng

冡 Meng

瞢 曹 Meng

孟 Meng

寧 Neng, Ning

朋 彭 Pheng

生 Seng, Sing

登 Teng, Theng, Tching

奏 Theng

爭 争 Tseng, Thseng, Tsing, Thsing

曾 Tseng, Theng

EI.

飛 Feï, Fi, Peï

肥 Feï, Fi

弗 Feï, Fi, Fo, Foë, Foŭ, Pŏ, Phŏ

每 Meï, Hoeï, Mou, Wou

未 Meï, 'weï

某 Meï

眉 Meï

貝 Peï, Phei

匕 比 皀 Peï, Pi

孛 孛 Peï

EÏ.

不 丕 否	Feï, Pheï, Feou, Pou, Pheou
韋	'Weï, Hoeï
鬼	'Weï, Hoeï, Koueï
畏	'Weï
胃 𦞅	'Weï
委 𡚱	'Weï
爲 為	'Weï
隹	'Weï, Toui, Choui, Tchoui, Tchhoui, Tcheou, Tchheou
厃 危	'Weï, Koueï, Khoueï

IEÏ.

孑	Kieï
吉	Kieï, Khieï
桀 㮊	Kieï

OEÏ.

回	Hoeï
惠	Hoeï
彗 慧	Hoeï, Souï
貴 賢	Hoeï, Koueï, Khoueï
毇 毀	Hoeï

OUEÏ.

戉	Youeï
癸	Koueï
規	Koueï

IOUEÏ.

穴	Hioueï
血	Hioueï
欮 厥	Kioueï, Khioueï
屈	Kioueï, Khioueï
絕	Thsioueï

EU.

甾	Tseu
辛	Tseu, Thseu, Sin
此	Tseu, Thseu
次	Tseu, Thseu
茲	Tseu, Thseu
予	Tseu, Thseu

Y.

衣	Y
也 匜	Y, To, Tho
尹	Y
医 殹 悘 毉 翳 醫	Y
壹	Y
意	Y
宜 宐	Y
曳	Y
矣 疑	Y
埶 藝 乂	Y
義	Y
奇 竒 寄	Y, Khi, Ki
易 昜	Y, Ti, Thi
夷	Y, Thi
多	Y, Tchi, To
夜	Y̆
邑	Y̆
異	Y̆
弋	Y̆
睪	Y, Cho, Tŏ, Thŏ

Caractères	Prononciation
乙乞气氣	Y, Hi, Ki, Khi
尸	Chi
寺	Chi, Tchi
氏	Chi, Ki, Khi, Ti
是	Chi, Ti, Thi
耆	Chi
式	Chi
石	Chi
食	Chi
希	Hi
奚	Hi, Ki, Khi
喜	Hi
翕	Hi
虛戲	Hi
羲羲	Hi
崔巂雟雋	Hi, Tsoui, Thsoui
日	Ji
几	Ki
已	Ki, Khi
其欺亓	Ki, Khi
幾幾	Ki, Khi
支	Ki, Khi, Tchi
及	Kĭ
亟	Kĭ
里	Li
利黎	Li
戾戻列	Li
离離	Li
犛氂	Li
厲	Li
豊	Li
立	Lĭ
栗	Li
厤歷	Li
樂	Li, Chŏ, Yŏ, Lŏ
米	Mi
彌弥弭	Mi
宓宓	Mĭ
尼尔尒	Ni, Ñi
匿	Ni, Ñi
弱	Ni, Ñi, Jŏ
必	Pi, Phi
皮	Pi, Phi, Po, Pho
辟	Pi, Phi
畐	Pi, Fou
畢	Pĭ
丕否	Pi, Phi
徙	Si
析	Sĭ
氐底	Ti, Tchi, Tchhi
弟	Ti, Thi
帝帶	Ti
勺	Ti, Chŏ, Tchŏ
狄	Thĭ
啇	Ti, Thi, Tchi
翟	Ti, Thi, Tchŏ
矢	Tchi, Tchhi

Y. IN.

至致 Tchi
止 Tchi
犀屖 Tchi Tchhi
制制 Tchi
只 Tchi
戠戴 Tchi Tchhi
帶 Tchi
直 Tchi
齒 Tchi
執 Tchi
質 Tchi
妻 Thsi
祭 Tsi

卽 Tsi
脊 Tsi
疾 Tsi
咠戢 Tsi Thsi

OUI.

兑兌 Choui Toui Thö
惢 Joui
歮
雷畾𤳳纍 Loui
卒 Soui Tsou Thsoui Tsö Sou Tsou
㒸彖 Soui
有隓[illegible][illegible] Soui Tö
自追 Toui Thoui Tchoui Tchhoui
追 Toui Thoui
對 Toui
叕 Tchoui
垂 Tchhoui Tchhing

IN.

申 Chin
辰 Chin Tchin
身 Chin Tchin
斤欣 Hin Yn Kin
因 Yn
垔堙票 Yn
寅寅 Yn
侌会 Yn
𢀩㥯 Yn
壬 Jin
刃忍 Jin Nin
堇 Kin Khin
禁 Kin Khin
金欽 Kin Khin
林 Lin
㐭稟 Lin Pin
閵 Lin
民 Min
閔 Min
賓賔賔 Pin Phin
尋 Sin Thsin
㐱尒 Tchin Tchhin
𠬶 Tsin Thsin
秦 Thsin
𦘒盡盡 Tsin
晉 Tsin

ING.	
成	Ching Tchhing
逞	Ching Tching Yng.
幵 刑 形	Hing
幸 㚔	Hing
𤇾	Yng Young
賏 賏 嬰	Yng
雁 應	Yng
敬	King
夌	Ling
巠	King

令 令 零 霝 靈 靈	Ling
名	Ming
冥 冥 冥	Ming
丙	Ping
平	Ping Phing
幷 並 竝 并	Ping Phing
丁 亭	Ting Thing

定	Ting
廷	Thing
正	Tching Tchhing
呈 聖	Tching Tchhing
貞	Tching Tchhing
爭 承 承 丞 烝	Tching Tchhing
𢼸 岩	Tching Tchhing
爯 爾	Tchhing
青 青	Tsing Thsing

O.	
禾	Ho.
可	Ho Ko Kho 'o
矍 瞿 霍	Hŏ Hiŏ Kiŏ Khiŏ
果	Ko Kho Khouŏ Wo
羅	Lo.
累	Lo.
末	Mŏ
莫	Mŏ Moŭ
尃 尃	Pŏ Phŏ
菐 業	Pŏ Poŭ

𧴪 𧴪 [illegible]	So.
索	Sŏ Soŭ
朔	Sŏ Soŭ
宅	To Tho
朵	To Tho
卓	Tchŏ Tchhŏ
豖	Tchŏ
足	Tchŏ Tchhŏ Tsoŭ Thsoŭ
著 着	Tchŏ
蜀 屬	Tchŏ choŭ Toŭ Tchoŭ Tchhoŭ
坐	Tso Thso.

O. **ON · OU**

Caractère	Prononciation
昔 笞	Tsiŏ.
咼 委	Wo.
屋	Wŏ
我	'o
咢 咢	'o Niŏ
獄	Yŏ
龠	Yŏ
㪁 學	Hiŏ Kiŏ
角	Kiŏ
却	Kiŏ Khiŏ
虐	Niŏ
爵	Tsiŏ
雀	Tsiŏ

ON.

Caractère	Prononciation
夗 宛	Won

OU.

Caractère	Prononciation
予	Chou Yu Siu
朱	Chou Tchou Tchhou
尗 叔	Choŭ
术	Choŭ Tchoŭ
賣	Chou Sou Tsou
父 斧	Fou
夫	Fou
付 府	Fou
甫 尃	Fou Pou Phou
孚	Fou Feou
殳	Fou
复	Fou
伏	Fou
乎	Hou
虍	Hou
胡	Hou
無 無	Hou Mou Wou
蒦	Hou
古 固	Hou Kou Khou
瓜	Hou Kou Koua.
戶 扈	Hou
育	Yoŭ
辱	Joŭ
女 如	Jou
出	Kou Khou Kiou Khiou Tchou Tchhou
盧	Lou
彔	Loŭ
鹿	Loŭ
目	Moŭ
母	Mou Wou
奴	Nou
孛	Phoŭ
㐬	Sou Lieou
穌	Sou
束	Sou
婁 婁	Sou Sŏ Tsŏ
土	Tou
賣	Tou Sou
余	Tou Thou Tchhou Yu Siu
度	Tou
主	Tchou
宁	Tchou
畜	Tchhou Hiou
由	Tchoŭ Tcheou Tchheou Yeou Sieou
且 助	Tsou Thsou
楚	Thsou
戚	Tsoŭ Thsoŭ
族	Tsoŭ
武	Wou
兀	Wou
矛 敄 務	Wou Meou

烏	'ou
吳 吴	'ou
午 [illegible] 咢	'ou
五 吾	'ou
亏	'ou Ou Hiu

EOU.

守	Cheou
受	Cheou
阜 阝	Feou
缶	Feou
后	Heou Kheou
矦	Heou
尤	Yeou
𠂇 有 右 友	Yeou
酉 酋	Yeou Tsieou Thsieou
幼	Yeou
秀	Yeou Sieou
憂	Yeou
句	Keou Kheou Hiu Kiu Khiu
冓	Keou Kheou
牟	Meou
叟	Seou
斗	Teou Theou
豆 尌	Teou Theou
俞	Tsou Tcheou Yu
州	Tcheou
雔 讎	Tcheou Tchheou
寸	Tsheou Tsun
丑	Tchheou Nieou
舟	Tcheou
取 聚	Tseou Thseou Tsiu Thsiu
芻	Tseou Thseou
區	´eou Yu Kiu Khiu
禺	´eou Yu

IEOU.

休	Hieou
臭	Hieou Kieou
九	Kieou Khieou
久	Kieou
求	Khieou
臼	Kieou
畱 留 畱 丣	Lieou
修 脩	Sieou

IOU.

匊 訇	Kiou

OUNG.

翁	Oung
雍 邕 雝	Oung Young
封	Foung
風	Foung
豐 豊	Foung
工	Houng Koung Khoung Khioung
共	Houng Koung
厷 弘	Houng
容	Young
永	Young
甬	Young Thoung
庸	Young Joung
冗 宂	Joung
戎	Joung

OUNG.		YU.		UN.				EUL.	
茸	Joung	**IOUNG.**		虛 虛	Hiu	舜	Chun	**EUL.**	
公	Koung Joung	凶 匈	Hioung	去 厺	Kiu Khiu	盾	Jun Siun	而	Eul
龍	Loung	冋	Hioung Kioung Khioung	居	Kiu	閏	Jun	耳	Eul
農	Noung	穹 穹 宮	Kioung Khioung	具	Kiu	侖	Lun	爾	Eul
同	Toung Thoung	**YU.**		豦	Kiu Khiu	孫	Sun		
東	Toung	亍	Yu Hiu You	瞿	Kiu Khiu	巽	Sun Siun		
重	Toung Tchoung Tchhoung	於	Yu	慮 盧	Liu	春	Tchun Tchhun		
冬	Toung Thoung Tchoung	吾	Yu You	須	Siu	尊 尊	Tsun Thsun		
中	Tchoung Tchhoung	禹	Yu Kiu Khiu	胥 疋	Siu	熏	Hiun		
充	Tchoung Tchhoung	吳 虞	Yu	**UN.**		君	Kiun Khiun		
怱 悤	Tsoung	臾	Yu	屯 囤	Chun Tun Thun Tchun	囷	Kiun Khiun		
從 從	Tsoung Thsoung	與	Yu	云	Yun	旬	Siun		
宗	Tsoung Thsoung	巨	Kiu Khiu			夋 容	Tsiun		

2e PARTIE

Contenant

les groupes classés selon le nombre de traits dont ils sont composés.

1·2·3 — 4.

1 Trait.

- 乙 Y

2.

- 丩 Kiao
- 𠂇 Yeou
- 丁 Ting
- 九 Kieou
- 几 Ki
- 刀, 刂 Tao
- 刁 Tiao
- 力 Li
- 勹 Pao
- 匕 Peï

3.

- 丈 Tchang
- 丂 Khao
- 丸 Houan
- 凡 Fan
- 丸 Wan v. d. 埶
- 久 Kieou
- 乇 Tché
- 乞 v. d. 乙
- 乃 Naï
- 也 Y
- 三 San
- 于 Yu
- 亡, 匸 Kang
- 兀 Wou
- 刃 Jin
- 勺 Ti
- 千 Tshian
- 么 v. d. 幺
- 叉 Tchha
- 土 Tou
- 女 Jou
- 子 Tseu
- 孑 Kieï
- 寸 Tcheou
- 小 Siao
- 尸 Chi
- 山 Chan
- 工 Kung
- 已 Ki
- 干 Han
- 幺 Yao
- 弋 Y
- 彡 v. d. 三
- 才 Tshaï
- 阝 v. d. 阜, 邑

4.

- 不 Peï
- 世 Sie
- 丑 Tcheou
- 中 Tchoung
- 丰 Fang
- 予 Chou
- 气 v. d. 乙
- 犬 v. d. 犬
- 亐 'Ou
- 云 Yun
- 互 Hou
- 五 'Ou
- 亢 Hang
- 今 Kian
- 介 Kaï
- 亓 v. d. 其
- 元 Houan
- 内 Naï
- 公 Koung
- 月 Mao
- 冄, 冉 Jan
- 冗, 冘 v. d. 甚
- 凶 Hioung
- 分 Fen
- 化 Hoa
- 午 'Ou
- 卬 'Ang
- [illegible] Peï
- 厷 Houng
- 友 v. d. 𠂇
- 𠬝 Fou
- 及 Ki
- 反 Fan

4.

- 壬 Jin
- 天 Thian
- 夫 Fou
- 夭 Yao
- 少 Cha
- 尤 Yeou
- 尹 Y
- 屯 Chun
- 巴 Pa
- 夬 Kouaï
- 戈 v. d. 伐
- 戶 戸 } Hou
- 支 Ki
- 文 Wen

5.

- 斗 Teou v. d. 斗
- 斤 Kin
- 方 Fang
- 日 Ji
- 止 Tchi
- 氏 Chi
- 毛 Mao
- 父 Fou
- 爻 Hiao
- 爿 v. d. 將
- 牙 v. d. 互
- 王 Wang

5.

- 丕 Pi v. d. 不
- 且 Tsou

- 丙 Ping
- 主 Tchou
- 乏 Fa
- 乍 Tcha
- 乎 Hou
- 令 令 } Ling
- 参 Tchin
- 付 Fou
- 代 Taï
- 仝 v. d. 全
- 冉 v. d. 冄
- 罔 v. d. 亡
- 冊 v. d. Chan 册
- 冋 Hioung

- 冬 Toung
- 出 Tchou
- 加 Kia
- 匜 v. d. 也
- 包 v. d. 勹
- 半 Pan
- 占 Tchan
- 卯 Mao
- 弘 v. d. 厷
- 去 厺 } Kiu
- 发 叐 } Pa
- 古 Kou
- 句 Keou

- 只 Tchi
- 叫 v. d. 丩
- 召 Chao
- 可 Kho
- 台 Taï
- 右 v. d. 𠂇
- 司 Sse
- 夗 Wan
- 央 Yang
- 失 Chĕ
- 奴 Nou
- 宅 Tso
- 宁 Tchou
- 宂 v. d. 冗
- 尒 v. d. 尼

6.

制 *Tchi*
刑 v. d. 开
㓞 v. d. 契
匈 v. d. 凶
牟 *Meou*
肙 v. d. 肙
各 *Kŏ*
合 *Hia*
吉 *Kieĭ*
吉 *Kia*
名 *Ming*
后 *Heou*
同 *Toung*
向 *Hiang*
号 *Hao*

亘 *Kiouān* v. d. 亘
亙 v. d. 亘
交
交 v. d. 㐅㐅
亥 *Haï*
会 v. d. 會
伏 *Fou*
休 *Hieou*
伐 *Fă*
兆 *Yao*
光 *Kouang* v. d. 灮
全 *Tsiouan*
共 *Houng*
冊 v. d. 冊
列 *Liĕ* v. d. 㓥

申 *Chin*
疋 v. d. 胥
白 *Pă*
皮 *Pi*
四 v. d. 罒
目 *Mou*
矛 *Wou*
石 *Chi*
禾 *Ho*
穴 *Kioueĭ*
立 *Li*
𦍌 v. d. 𦍌

6.

丞
承 v. d. 承

本 *Pen*
术 *Choŭ*
正 *Tching*
氐 *Ti*
民 *Min*
永 *Young*
母 *Mou*
比 v. d. 匕
玄 *Hiuan*
瓜 *Houa*
甘 *Kan*
生 *Seng*
田 *Tian*
由 *Tcheou*
甲 *Yă*

尒 v. d. 尔
尼
尐 v. d. 尙
尼 *Ni*
巨 *Kiu*
吕 v. d. 台
平 *Ping*
幼 *Yeou* v. d. 幺
弁 v. d. 半
弗 *Feĭ*
必 *Pi*
戊 *Youeĭ*
百 v. d. 昏
旦 *Ta*
未 *Meï*
末 *Mŏ*

6.

否	v. d. 不 丕
舌	Kouĕ
回	Hoeï
因	Yn
圭	Koua
寺	Chi
夅	Pang
多	Y
夗	Youan
夷	Y
夷	v. d. 東
关	Kiouan
夾	Hia
如	v. d. 女
安	'an

守	Cheou
穹	Kioung
宅	v. d. 乇
朩	Chou
州	Tcheou
宂	v. d. 亡
幵	Hing
式	Chi
争	v. d. 爭
戋	Tsaï
戎	Joung
成	Tching
𠂤	Toui
邑	v. d. 邑

早	Tsao
旬	Siun
曳	Y
有	v. d. 大
朱	Chou
次	Tseu
此	Tseu
卑	v. d. 卑
百	Mĕ
米	Mi
缶	Feou
罔	v. d. 亡
羊	Yang
而	Eul

7.

耳	Eul
至	Tchi
臼	Kieou
舟	Tcheou
艮	Ken
血	Hioueï
虍	Hou
行	Hang
衣	Y
并	v. d. 幷
亟	v. d. 亟

7.

襾	v. d. 卯 雷
伯	v. d. 霸
攸	Tiao

余	You
充	Tchoung
兑 兑	Choui
免	Mian v. d. 㝃
利	Li
制	v. d. 制
劳	v. d. 勞
助	v. d. 且
男	Nan
甸	v. d. 田
医	Y
却	Kiŏ
𠬶	Tsin
君	Kiun
吳	Yu v. d. 吴

8.

- 呈 Tching
- 吾 Yu v.d. 五
- 告 Hao
- 呆 Pao
- 囤 v.d. 屯
- 困 Kouen
- 坐 Tsŏ
- 壯 Tchouang
- 夋 Tsiun
- 夆 v.d. 丰 夅
- 夸 Khouă
- 妥 v.d. 委
- 孚 Fou
- 孛 Peï
- 孝 v.d. 爻

- 牢 v.d. 勞
- 完 v.d. 元
- 岦 Kouang
- 㐬 Sou
- 巠 Heng
- 危 v.d. 产
- 希 Hi
- 延 Yan
- 廷 Thing
- 弟 Ti
- 形 v.d. 开
- 戋 v.d. 戈
- 戒 Hiaï
- 我 'o.
- 忍 v.d. 刃
- 旱 v.d. 干

- 旻 Yan
- 朶 To
- 束 Soŭ
- 承 v.d. 承
- 氐 v.d. 舌
- 求 Khieou
- 沙 Cha
- 奔 Mang
- 狄 Ti
- 尨 Mang
- 奴 Thsan
- 每 Meï
- 甬 Young
- 甫 Fou
- 直 Tchi

- 㫗 Hen
- 唉 Y
- 矣 Yaï v.d. 矣
- 矦 Heou
- 考 v.d. 丂
- 孝 v.d. 爻
- 肙 Youan
- 良 Jang
- 芊 v.d. 羊
- 見 Hian
- 角 Kiŏ
- 豆 Teou
- 貝 Peï
- 足 Tchŏ
- 身 Chin

- 辛 Tseu
- 辰 Chin
- 邑 Y
- 酉 Yeou
- 里 Li
- 安 v.d. 宻

8.

- 亞 Ya
- 旁 v.d. 旁
- 亩 Lin
- 享 Heng
- 京 Liang
- 会 v.d. 㑹
- 保 v.d. 呆
- 來 Laï

8.

Colonne 1

介
卑 } v.d. 畀
彌 v.d. 弥
念 Nian
天 v.d. 忝
或 Kouĕ
戒 v.d. 戎
戔 Tchan
戾 Li
析 Si
承 Tching
於 Yu
易 易 昌 } Y.

Colonne 2

官 Kouan
宜 宜 } Y.
宓 Mi
宗 Tsoung
导 Tĕ
尚 尚 } Chang
居 Kiu
屈 Kiouei
幷 Ping
付 v.d. 府
氏 v.d. 底
庚 Kheng
武 Wou

Colonne 3

幸 Hing
夌 Ling
夜 Y
丰 Foung v.d. 奉
奄 Yan
甲 v.d. 奄(?)
奇 Y
幸 v.d. 奎(?)
亏 v.d. 夸
妾 Tsa
妻 Thsi
咼 Wei v.d. 委
孟 Meng
夗 v.d. 宛

Colonne 4

卒 Tsŏ
耶 Ye
厓 Yai
參 叄 } 三 v.d.
叕 Tchoui
取 Tseou
受 Cheou
尗 v.d. 叔
刷 v.d. 㕞
吳 'ou
含 Han
周 Tcheou
古 v.d. 固
困 Kiun v.d. 囷

Colonne 5

侖 Lun
兒 皃 } Ni
兩 Liang
典 Tian
其 Ki
具 Kiu
㒼 v.d. 免
亡 v.d. 罔 罔 }
岡 Kang
含 v.d. 函
刷 Choua
匊 Kiou
匋 } Yao
匧(?)
卑 Pai

9.

巺 巽 v. d. 巽
前 Tsian
訇 v. d. 匊
匧 v. d. 夾
南 Nan
卽 Tsi
叚 叚 Hia
度 Tou
咼 Wo
垔 堙 Yn
复 Fou
[illegible] v. d. 從

隹 Weï
青 Tsing
非 Faï
釆 Thsaï
豕 Tchü

9.

並 v. d. 并
亟 Ki
亭 v. d. 丁
便 Pian
侌 Yn
[illegible] v. d. 食
俞 Yeou
弇 'an v. d. 奄

[illegible] v. d. 番
羌 v. d. 姜
育 Yoü
肥 Feï
朋 Pheng
臤 v. d. 卧
臾 Yu
[illegible] v. d. 合 [illegible]
表 Piao
金 Kin
長 Tchang
門 Men
阜 Feou

欣 v. d. 斤
段 Touan
彔 Lou
炎 Hian
爭 Tseng
斧 v. d. 父
[illegible] v. d. 將
肰 Jan
甾 Tseu
直 Tchi
知 Tchi
秀 Yeou
禺 'eou
空 Kiang
穹 v. d. [illegible]

卓 Tchŏ
卓 Tchao
𠦝 Han
昔 Tsŏ
昌 Tchhang
杳 Tcha
昏 Hoen
昆 Hoen
沓 Tă
更 Keng
業 [illegible] Yĕ
果 Kŏ
東 Toung
林 Lin

9.

奔 } 奔	Fen	張	v. d. 長	春	Tchun	胃	'Weï	罔	v. d. 亡
		弭	v. d. 彌	是	Chi	鬼	v. d. 褢	幸	Tă
桀	v. d. 桀	彥	Yan	胡	Hou	畏	'Weï	姜	Kiang
奓	Tcha	急	v. d. [illegible]	[illegible]	Soui	畐	Pi	者	Che
奐	Houan	怱	Tsoung	某	Meï	胥	Siu	耑	Touan
契	Hiĕ	思	Saï	桒	v. d. 桑	癸	Koueï	耎	v. d. 需
客	v. d. 各	烕	Miĕ	柬	Lan	昷	Yun v. d. 𥁕	咠	Tsĭ
宛	Youan	咸	Han	皆	Hiaï	冒	v. d. 月	臥	Lan
宣	v. d. 亘	威	v. d. 威	秋	Tsiao	相	Siang	叟	Seou
封	Foung	扁	Pian	爰	Houan v. d. 亘	眉	Meï	臿	Tchhă
屋	Wŏ	戾	v. d. 戾	爯	Tchhing	真	v. d. 眞	皇	Hoeï
𡿺	Nao	叓	v. d. 更	皇	v. d. 皇	盾	Tun	若	Jŏ
巻	v. d. 关	祈	v. d. 斯	甚	Tan v. d. 甘	敄	v. d. 矛	苗	Mao
帝	Ti	昰	Hiă	冓	Keou	禹	Yu	荅	v. d. 沓
建	Kian	昜	Chang	界	v. d. 介	禺	'eou	虐	Niŏ

10.

Character	Romanisation / variant
㬰	v. d. 昝
脊	Tsi
朔	So
肴	v. d. 爻
栗	Li
桑	Sang
桀	Kiei
臯	v. d. 敫
欵	Kiouei
皀	v. d. 匕
氣	v. d. 乙
烝	v. d. 承
隶	Tsin
𤇾	Yng
唐	Thang
弱	Jo
羔	v. d. 羊
恩	v. d. 恩
恩	'en
幾	v. d. 幾
戚	Tsoŭ
烕	Miĕ
扇	Chen
散	'Weï
旁	Pang
倝	v. d. 卓
晏	v. d. 晏
曺	v. d. 曹
冥	v. d. 冥
害, 害	Hiaï
宮	v. d. 宫
家	Kia
容	Young
専, 専	Pô v. d. 甫
辱	Jou
對	v. d. 豆
展	Tchen
屖	v. d. 犀
帶, 帶	Tchi v. d. 帝
10.	
垂	Tchhoui
倉	Tchhang
修	Sieou
兼	Hian
冓	Kiang
冥	Ming
原	Youan
罕	v. d. 午
咢	'O
詹	v. d. 詹
圂	Hoen
婁	v. d. 婁
孫	Sun
酉	v. d. 酉
㒸	Soui
貞	Tching
員	v. d. 員
叀	v. d. 專
軍	Hoen
重	Toung
面	Mian
韋	'Weï
音	'an
風	Foung
飛	Feï
食	Chi
香	Hiang

10.			11.	
垔 *Yn*	眞 } *Tian*	茸 *Jouno*	堇 *Kin*	區
爱 v.d. 愛	真 }	芻 *Tseou*	𦰩 *Han*	鄉 *Hiang*
奚 *Hi*	离 *Li*	衰 *Chouai*	馬 *Mà*	廉 v.d. 兼
臭 *Hieou*	秦 *Tsin*	蚤 *Sao*	高 *Kao*	參 *Sen* v.d. 三
皇 *Hoang*	畨 v.d. 番	尋 v.d. 尋	鬼 *Wei*	燕 v.d. 燕
兹 *Tseu*	素 *Sŏ*	豈 *Kai*	烏 *Ou*	菌 *Ei*
畜 *Tchheou*	[illegible] v.d. 匋	冡 *Meng*	恋 v.d. 䜌	國 v.d. 或
畢 *Pi*	差 *Tchha*	[illegible] } *So*	竝 v.d. 并	埶 *Y*
疾 *Tsü*	翁 *Oang*	貨 }	舄 v.d. 舄	堂 v.d. 尚
盍 *Hai*	耆 *Chi*	員 *Youan*	**11.**	堅 *Kieng*
盎 v.d. 央	聶 v.d. 聶	執 *Tchi*	條 v.d. 攸	埜 v.d. 耶
盖 *Kai*	致 v.d. 至	追 v.d. 𠂤	脩 v.d. 修	婁 *Sou*
昷 *Wen*	㕣 *Yan*	退 *Toui*	爽 v.d. 爽	寅 *Yn*
益 *Yai*		邕 v.d. 雍	匿 *Ni*	冥 v.d. 冥

12.

寧 }
寧 } v.d. 寧
寄 v.d. 奇
將 }
將 } Tsiang
專 Tchouan
犀 Tchi
巢 v.d. 巢
庸 Young
康 Khang
彗 Hoei
徙 Si
從 Tsoung

㥣 v.d. 医
悤 v.d. 怱
扈 v.d. 戶
敳 Tching
犛 }
氂 } Li
敝 Pie
斬 Tchan
族 Tsou
既 }
既 } v.d. 旡
曹 Tsao
曼 Man
殹 v.d. 医

段 v.d. 段
烝 Tcheng
爽 v.d. 爽
猒 Yan
產 Tchsan
畱 v.d. 畱
累 Lei v.d. 雷
異 Y
盡 v.d. 盡
着 v.d. 著
戰 v.d. 戰
務 v.d. 矛
祭 Tsi
窑 v.d. 匋

竟 Kiang
章 Tchang
盖 v.d. 盍
羕 v.d. 羊
翏 Kiao
晝 v.d. 畫
胥 v.d. 胥
莫 Mo
查 }
查 } Tcha
袞 Kouen
票 Piao v.d. 覀
規 Ki…
詧 v.d. 匋

連 Lian
崔 }
雋 } Hoi
𩅈 v.d. 需
鳥 Niao
鹿 Lou
麻 Mâ

12.

寒 v.d. 寒
勞 Lao
厥 v.d. 欮
厤 Li
彥 v.d. 彦
喜 Hi

12.

畱 留 } Lieou	其 v.d. 欺	戠 Tchi	尋 Sin	午 咢 } v.d. 啎
發 Fa	嗇 惢 } v.d. 歮	戜 Tiĕ	尞 Liao	高 v.d. 喬
登 Teng	毳 Hao	敳 v.d. 岂	孱 Tchan	單 Tan
盍 v.d. 葢	炎 v.d. 焱	散 San	巽 Tchhouan	善 Chen
沓 v.d. 答	焉 Yan	敢 Kan	啇 Thsiang	堯 Yao
粦 Lin	肰 v.d. 然	斯 Sse	壽 v.d. 𠷎	壹 Y
契 v.d. 絜	無 Hou	晉 晉 } Tsin	强 Kiang	菐 Pŏ
絶 Thsiouei	爲 'Wei	昔 v.d. 昝	朋 v.d. 彭	者 v.d. 參
沓 v.d. 翕 Hi	舜 Chun	朁 替 } Tsan	惠 Hoei	者 參 } v.d. 奢
需 v.d. 需	匋 Pao	曾 Tseng	三 v.d. 叄	寅 v.d. 寅
畫 晝 } Hoă	爽 Chouang	卓 v.d. 朝	惢 Joui	尊 Tsun
	犇 Pen		幾 Ki	

13.

𦥯 Hiŏ	量 Lang	項 Hiang	察 Tsă	歐 v.d. 區
舄 Siĕ	童 Tchouang	須 Siu	對 Toui	醫 v.d. 医
般 v.d. 反	欽 v.d. 金	黃 Hoang	雍 Yng	畺 Kiang
華 Hoa	閻 v.d. 臽	黑 Mĕ	意 Y	楚 Tsou
蜀 v.d. 蜀	閔 Min	睿 v.d. 叜	感 v.d. 咸	睪 Y
葬 Tsang	閒 } Kian	巽 v.d. 巽	愛 'aï	禁 Kin
虛 Hiu	間 } Kian	13.	敬 King	稟 v.d. 㐭
覃 v.d. 單	閏 Jun	亶 Chen v.d. 旦	敫 Kiao	絮 v.d. 奴
賁 Fen	焦 Tsiao	僉 Kian	會 Kouaï	義 Y
買 Maï	雋 v.d. 崔	奧 'ao	胃 v.d. 胃	聖 v.d. 呈
貴 Koeï	雀 Tsiŏ	爽 v.d. 爽	喿 Sao	戠 Tsiĕ
番 Fan	奜 v.d. 奞	嗇 Sĕ	業 Niĕ v.d. 業	畫 v.d. 畫
		壽 Tcheou		皐 Kao

13.

- 臺 *Thsaï*
- 與 *Yu*
- 著 *Tchŏ*
- 虜 v.d. 虏
- 豦 *Kiu*
- 䖒 *Hi*
- 蜀 *Tchŏ*
- 裔 v.d. 衣
- 解 *Hiai*
- 詹, 詹 } *Tchen* v.d. 彦
- 豊 *Li*
- 戴 v.d. 戠

14.

- 辟 *Pi*
- 農 *Noung*
- 陸 v.d. 育
- 雍 *Oung*
- 零 v.d. 令
- 雷 *Loui*
- 蚤 *Să*
- 魯 v.d. 匋
- 養 v.d. 羊
- 黽 *Ching*
- 囊 v.d. 囊

14.

- 嗇 v.d. 嗇

- 壽 *Tao*
- 寧 *Neng*
- 曼 v.d. 曼
- 朁 v.d. 朁
- 縣 *Hian*
- 黎 v.d. 利
- 爾 v.d. 爯
- 憲 v.d. 垩
- 獄 *Yŏ*
- 疑 v.d. 𠤕
- 發 v.d. 發
- 曹 v.d. 夢
- 聚 v.d. 取

- 肅 *Siao*
- 臨, 監 } v.d. 臥
- 藏 *Tsang*
- 賓, 實, 賔 } *Pin*
- 賏 *Yng*
- 遣 *Kian*
- 翟 *Ti*
- 需 *Jouan*
- 雉 v.d. 䍶
- 熏 *Hiun*

- 齊 *Tchaï*

15.

- 厲 *Li*
- 樊 v.d. 反
- 學 v.d. 𦥯
- 廣 v.d. 黃
- 廢 v.d. 發
- 慧 v.d. 彗
- 惠 v.d. 惠
- 慮 *Liu*
- 憂 *Yeou*
- 膏 v.d. 育
- 樂 *Li*
- 毀 v.d. 皇

16.	16.		17.	18.
麗 v.d. 麗	豊 v.d. 豐	與 Piao	竄 v.d. 竄	闌 v.d. 柬
爾 Eul	韱 Sian	盧 Lou v.d. 慮	龍 Loung	霜 Chouang
畾 v.d. 雷	養 v.d. 羊	褱 Hoaï	**17**	霝 v.d. 令
盡 v.d. 㶳	麃 Piao	咠 v.d. 聶	嬰 v.d. 賏	韱 v.d. 𢦏
睘 Houan	巤 Lă	蒦 v.d. 矍	巖 v.d. 嚴	齋 v.d. 齊
瞢 Mang	齒 Tchi	養 v.d. 羊	廢 v.d. 廢	龠 Yŏ
蒦 Hou	**16.**	賴 Laï	應 v.d. 雁	**18.**
裹 v.d. 裹	毚 Tchan	閻 v.d. 臽	戲 v.d. 䖒	爵 Tsiŏ
貴 v.d. 貴	憲 Hian	閵 Lin	羲 } Hi	聶 Niĕ
質 Tchi	㪚 v.d. 散	雔 Tcheou	羲 } Hi	雚 Kouan
贊 v.d. 朁	歷 v.d. 厤	霍 v.d. 矍	翰 v.d. 倝	豐 Foung
賣 Toŭ	燕 Yan	韰 Hiai	襄 Jang	離 v.d. 离
賣 Choŭ		穌 Sou	闇 'an	雟 v.d. 崔

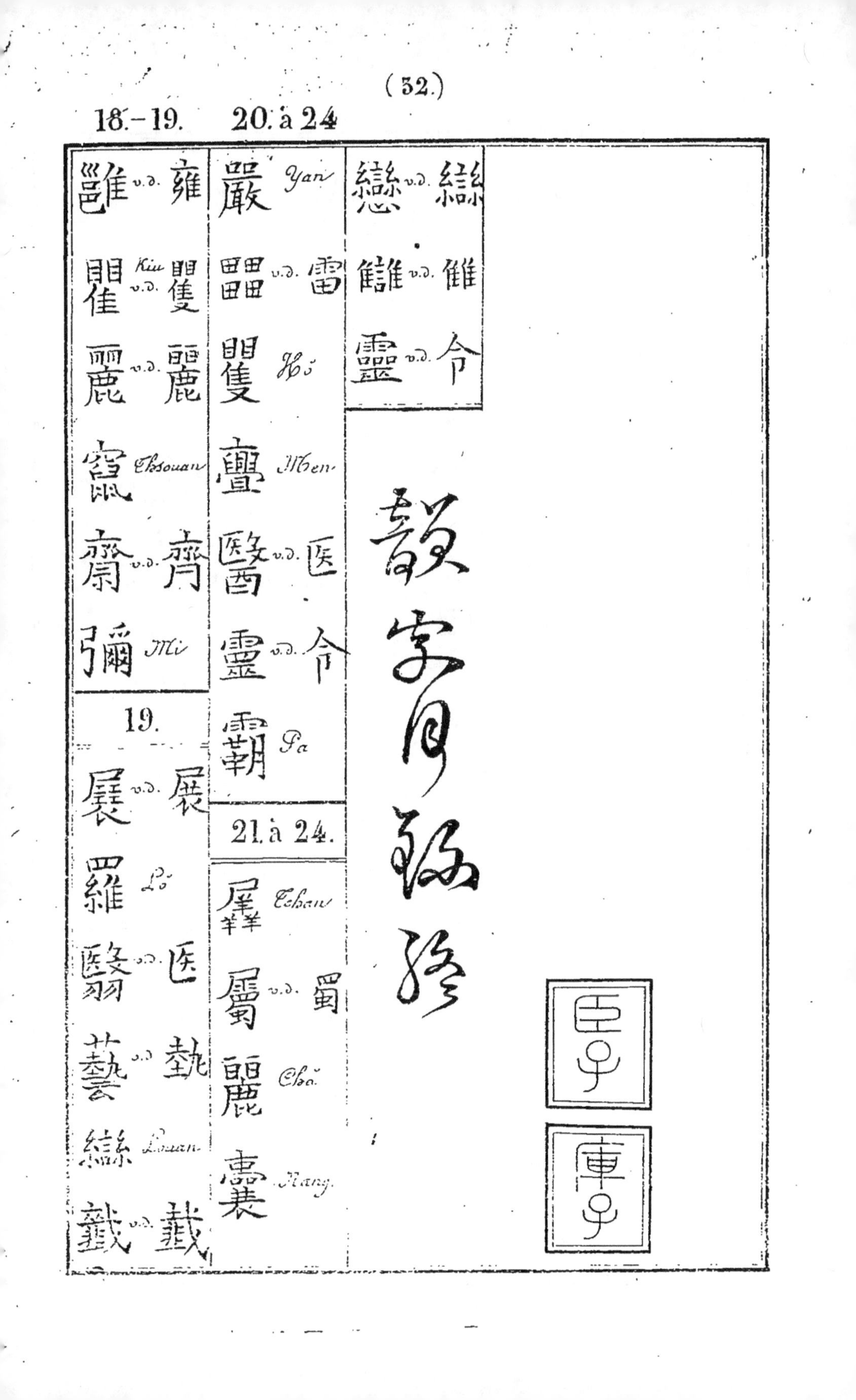

18.-19.	20. à 24	
雝 v.d. 雍	嚴 Yan	戀 v.d. 䜌
瞿 Kiu v.d. 矍	畾 v.d. 雷	讎 v.d. 雔
麗 v.d. 麗	矍 Hŏ	靈 v.d. 令
竄 Tsouan	亹 Men	
齋 v.d. 齊	醫 v.d. 医	
彌 Mi	靈 v.d. 令	
19.	霸 Pa	
展 v.d. 展	**21. à 24.**	
羅 Lŏ	羼 Tchan	
翳 v.d. 医	屬 v.d. 蜀	
藝 v.d. 埶	麗 Chaï	
䜌 Louan	囊 Nang	
韱 v.d. 韱		

Corrections et Additions.

Page 1. Colonne 1. au lieu de 申 Lisez 甲

" 2. —— 雨朝 —— 霸

" 4. au groupe 合 ajoutez la prononciation hŏ.

2. 3 après 敢 placez le groupe 東 / 闌 Lan / Lian / Kian

4. 4. à 冓 ajoutez la pron. Keou

5. 4. —— 召 —————— Tiao

" " après 召 placez le groupe 肖 Chao / Thsao

" " à 小 effacez les pron. Chao / Sao / Thsao.

6. 1. effacez 留

" 4. à 各 ajoutez la pron. hŏ

7. 1. 或 Lisez Koue au lieu de Khoue

13. 1. après 尤 écrivez le groupe 斿 Yeou

" 5 à 工 ajoutez les pron. hiang. Kiang.

21. 2. après 室 écrivez le groupe 肖 Chao

24. 2. —— 祈 —————— 斿 Yeou

26. 5. 區 Lisez Eou

27. 5. L'avant dernier caract. 彥

30. 3. à 爾 ajoutez la pron. Eul.

www.ingramcontent.com/pod-product-compliance
Lightning Source LLC
LaVergne TN
LVHW010338030726
842520LV00004B/1531

* 9 7 8 2 0 1 3 5 8 7 9 0 7 *